AF561887

LA RÉGÉNÉRATION DU PEUPLE FRANÇAIS

Dans son caractère,
Dans ses mœurs, dans son bien-être,

Par PICHERIE-DUNAN,
Ancien fermier général. — Trois médailles d'honnenr.

SOLUTION PRATIQUE.

Richesses de la France augmentées de plusieurs centaines de millions chaque année; Stabilité d'un bon gouvernement.

On obtiendraiit ces heureux résultats :

1° Par la surveillance et le contrôle ;
2° Par les conférences publiques ;
3° Par les chants ;
4° Par la musique ;
5° Par la croyance mystérieuse ;
6° Par la multiplication des jeunes mariages ;
7° Par la multiplication des maisons de banque ;
8° Par les bons exemples ;
9° Par l'application des principes généraux du *Livre aux 100 Louis d'Or*.

Prix : 1 franc.

Ce livre indique le moyen de gagner dix fois son prix dans une seule journée de travail.

SAUMUR,
[Im]primerie de P. GODET, place du Marché-Noir, 1

1871.

LA RÉGÉNÉRATION
DU
PEUPLE FRANÇAIS.

LA RÉGÉNÉRATION

DU

PEUPLE FRANÇAIS

Dans son caractère,
Dans ses mœurs,
Dans son bien-être,

SUIVIE DES

Moyens pratiques d'enrichir la France chaque année de plusieurs centaines de millions.

On obtiendrait ces heureux résultats :

1° Par la surveillance et le contrôle ;

2° Par les conférences publiques ;

3° Par les chants ;

4° Par la musique ;

5° Par la croyance mystérieuse ;

6° Par la multiplication des jeunes mariages ;

7° Par la multiplication des maisons de banques ;

8° Par les bons exemples ;

9° Par l'application des principes généraux du Livre aux 100 louis d'or.

SAUMUR,
Imprimerie de P. GODET, place du Marché-Noir, 1.

1871.

PRÉFACE

QU'IL FAUT LIRE.

L'histoire de France dira qu'après la désastreuse guerre avec la Prusse, le 18 mars 1871, de misérables assassins révolutionnaires, la plus part étrangers à la France, sont parvenus, par la terreur que répand partout le drapeau rouge et le communisme, à se rendre maîtres de Paris, à braver le Gouvernement et les lois françaises, à piller, voler, ruiner, assassiner, incendier et déshonorer la capitale de la France. Par leur audace, ils ont forcé des milliers de citoyens honnêtes, mais égarés et dégénérés, à se tuer en se battant entre Français, entre frères, sans but avoué, sans espérance, sans savoir pourquoi.

C'est abominable ! Il faut donc absolument que les bons citoyens, les amis de l'ordre, de la France, de la patrie, viennent proposer des moyens pratiques, immédiatement réalisables, d'établir la stabilité d'un bon Gouvernement, de régénérer le peuple français, et d'accroître les richesses de la France.

Tel est le but de cet ouvrage.

Vingt-cinq années d'expérience et de succès, le titre de fidèle conseiller décerné par mes concitoyens, me donnent l'espoir que mes conseils seront suivis fidèlement.

Soldat de l'agriculture et du bien public, deux blessures reçues sur le champ de bataille agricole ;

Quatre premiers prix, trois médailles

d'honneur, deux prix secondaires, huit mentions honorables ;

L'estime, la considération des notables habitants de la ville de Nantes et des environs ;

L'aide, l'encouragement du Préfet, des premiers magistrats et du Conseil général de la Loire-Inférieure ;

Une souscription des chefs de l'industrie, du commerce et de l'agriculture, en faveur de mes conférences agricoles, publiques et gratuites, du dimanche, et de la propagation de mon *Livre aux cent louis d'or :*

Tels sont mes états de services et mes titres à la confiance de mes concitoyens.

J'affirme ici, sans crainte d'être démenti, que MM. les Maires des communes approuvent et applaudissent mes conférences agricoles publiques (leurs certificats en font foi), et que tous les agriculteurs, fermiers et propriétaires qui suivent mes conseils, s'enrichissent et vivent heureux.

Déjà plus de 15,000 familles possèdent mon livre, et, grâce à lui, beaucoup ont doublé et triplé leur fortune.

De toute part on désire devenir propriétaire du *Petit Livre aux cent louis d'or*. C'est encore aujourd'hui le seul et unique livre d'agriculture populaire, le seul facile à comprendre. Il instruit, il amuse, il moralise, il procure la richesse et le bien-être.

De toute part, on désire entendre mes conférences agricoles, publiques et gratuites du dimanche : c'est qu'elles répandent dans les campagnes la lumière, le savoir, les bons principes, le soin, l'ordre, la propreté, la salubrité, la beauté et la richesse.

Depuis que je me suis fixé à Saumur,

la patrie s'est trouvée en grand danger, les Prussiens ravageaient les campagnes, détruisaient, ruinaient les agriculteurs et l'agriculture française.

Aussitôt, je fis les plus grands efforts, les plus grands sacrifices, pour arrêter l'invasion des Prussiens.

Pendant trois mois, j'adressai des milliers de lettres-circulaires à toutes les autorités civiles et militaires, à tous les journaux, priant, suppliant d'employer des moyens pratiques, énergiques, que j'indiquai. C'était alors les vrais, les seuls moyens, de sauver rapidement et glorieusement la patrie.

Tous mes efforts furent inutiles, on ne suivit pas mes conseils ; alors la France fut vaincue, écrasée, ruinée.

En même temps, je recevais beaucoup de lettres de tous les points de la France, de MM. les préfets, sous-préfets, officiers supérieurs du génie militaire, etc., approuvant, complétant les moyens énergiques que je proposais en ces jours difficiles pour sauver la patrie.

Malheureusement, les journaux d'alors ne vinrent pas à mon aide, l'indifférence, la dégénération et l'égoïsme dominaient partout.

Cependant je ne perdis pas courage, et, depuis nos désastres, je travaille jours et nuits pour indiquer les meilleurs moyens de réparer les grands malheurs de la patrie, par la régénération du peuple français et par l'augmentation rapide des richesses de la France.

Mon opinion sur le peuple français, *la voici ;*

Mes moyens pratiques pour le régénérer et l'enrichir rapidement, je vais les faire connaître.

Je m'adresse ici à tous les hommes de

cœur ; qu'ils me fassent des objections sérieuses et je répondrai.

Plus d'indifférence, plus d'égoïsme, mais de la franchise, de la loyauté. Il faut des hommes d'action ; il faut agir.

Jules-Philippe Picherie-Dunan.

MON OPINION

Sur le peuple français,

SA RÉGÉNÉRATION, SA RICHESSE.

Nous, Français, nous sommes trop légers de caractère, pas assez moraux, pas assez vertueux.

Nous n'avons pas assez d'amour pour la famille, nous ne sommes pas assez soumis à nos devoirs d'époux et de père.

Nous n'observons pas assez la discipline, l'obéissance envers nos supérieurs.

Nous ne nous conformons pas assez aux lois du gouvernement régulièrement et librement établi.

Nous n'avons pas assez de stabilité dans le caractère, nous désirons la liberté, beaucoup de liberté ; c'est très-bien ; mais tout aussitôt nous faisons mauvais usage de notre liberté et nous en abusons, c'est très-mal.

Voilà pourquoi je conseille au gouvernement

régulièrement et librement établi, d'être bon, paternel, d'aider, d'encourager tous les bons citoyens, de donner pleine et entière liberté à tous les journaux, à tout le peuple français.

Mais je lui conseille aussi la plus grande sévérité contre les journaux et contre les citoyens qui abuseront de cette grande liberté, en faisant opposition à l'autorité, en se révoltant, en résistant, en refusant de se soumettre aux lois du gouvernement régulièrement et librement établi par la majorité du peuple français.

Les coupables doivent être poursuivis immédiatement, jugés et condamnés au bannissement, loin, bien loin, de la mère-patrie.

Cette grande sévérité est devenue absolument nécessaire, afin d'assurer la stabilité d'un gouvernement fort et libéral.

Liberté absolue pour faire le bien, mais pas de liberté pour faire le mal.

Pour atteindre sûrement et rapidement ce but, je conseille de multiplier le nombre des juges de paix dans toutes les villes et de leur adjoindre un nombre respectable *d'officiers de la paix*, choisis parmi les anciens militaires de bonne conduite.

Ces officiers de la paix seraient très-forte ment et très-généreusement rétribués.

D'accord avec la gendarmerie très-bien organisée et l'armée française composée avec soin, ces trois forces réunies suffiraient pour maintenir la stabilité du gouvernement en faisant respecter ses lois.

Je conseille d'augmenter du double les appointements des instituteurs et des facteurs ruraux, la responsabilité de ces utiles citoyens est très-grande et il ne faut plus qu'ils soient exposé à la gêne et à l'intempérance.

Je demande que chaque instituteur rural, soit tenu d'avoir un enseignement agricole modèle en nature sur une toute petite échelle.

A cet effet, je conseille de visiter ma petite école d'agriculture très-riche, école précieuse où une seule leçon suffit pour savoir doubler la richesse de la terre, du bétail et sa fortune (les preuves sont nombreuses). Rue

Je conseille de diminuer de moitié tout les gros appointements mais de maintenir les hauts appointements des préfets et sous-préfets, à la condition qu'une grande partie des fonds seraient employés à donner un certain nombre de soirées, bals, concerts, etc., si utiles à la prospérité de l'industrie et du commerce.

Je conseille à la noblesse française et aux grands propriétaires d'exiger et de faire en sorte qu'un ou deux de leurs fermiers ou métayers se conforment très-exactement aux principes généraux demontrés, expliqués clairement par le *Petit Livre aux 100 louis d'or*, attendu qu'il faut absolument multiplier les bons exemples.

Je conseille donc de répandre le petit livre a profusion dans toutes les communes de la France.

Seulement alors, se produirait la régénération du peuple français, qui deviendrait rapidement le plus grand, le plus puissant, le plus libre, le plus riche, le plus vertueux et le plus heureux des peuples.

On pourrait atteindre un but si désirable :

1° Par la surveillance et le contrôle ;

2° Par les conférences publiques ;

3° Par les chants ;

4° Par la musique ;

5° Par la croyance mystérieuse ;

6° Par les jeunes mariages ;

7° Par les bons exemples ;

8° Par les maisons de banque ;

9° Par l'application des principes généraux du *Petit Livre aux 100 louis d'or*.

Je propose ici l'exécution de ces moyens pratiques immédiatement réalisables ainsi que nous allons voir.

RÉGÉNÉRATION

DU PEUPLE FRANÇAIS,

PAR LA SURVEILLANCE ET LE CONTRÔLE.

La surveillance et le contrôle de la conduite des principaux administrateurs et la surveillance des actes de leur administration, doivent préoccuper le chef du gouvernement exécutif.

C'est lui tout particulièrement qui doit être initié aux rapports qui seront faits par les surveillants-contrôleurs, fonctionnaires choisis parmi les plus intelligents, les plus actifs, les plus dévoués, les plus vertueux et les plus honorables citoyens.

Cette surveillance active, ce contrôle incessant sur toutes les principales administrations et dans toutes les parties de la France, doivent prévenir et empêcher bien des abus, bien des difficultés, bien des désordres, bien des mécontentements, bien des injustices, bien des complots et bien des révoltes.

Je conseille et recommande à nos seigneurs les archevêques et évêques, de faire surveiller et contrôler les actes et la conduite des paroisses, des curés, et des communautés dans toute l'étendue de leur diocèse,

Afin de faire cesser ces nombreux abus, ces préjugés, ces injustices, ces scandales, cet amour excessif de l'argent, des honneurs, de la domination, ce qui fait si grand mal à la religion chrétienne et à ses ministres, en donnant des forces si désastreuses aux hommes impies, blasphémateurs, irréligieux et révolutionnaires.

Je conseille et recommande que tous les journaux, tous les bons et honnêtes citoyens, aient pleine et entière liberté et le droit de surveiller, de contrôler et de signaler les abus de pouvoir, les actes et la conduite des administrateurs, et aussi les actes et la conduite du chef du gouvernement et des ministres.

Je conseille et recommande que désormais tout abus de liberté, toute calomnie, toute provocation au mal, toute insulte, tout mensonge public, soient signalés, poursuivis et punis avec une extrême rapidité et sévérité.

Désormais, plus de faiblesses, plus de ménagements pour les perturbateurs, pour les blasphémateurs, pour les anarchistes révolutionnaires ; la paix, la prospérité, la sécurité, la stabilité du gouvernement et la régénération du peuple français l'exigent.

PICHERIE-DUNAN.

RÉGÉNÉRATION

DU PEUPLE FRANÇAIS

PAR LES CONFÉRENCES PUBLIQUES.

Il est bon, il est utile de rechercher et de payer généreusement de bons conférenciers.

Il faut un conférencier pour les petites villes, et plusieurs pour les villes importantes.

L'objet et le but de ces conférences publiques est de répandre la lumière dans les esprits en faisant connaître les droits, les devoirs et les avantages des bons citoyens, des bons ouvriers, des bons patrons, des bons propriétaires, des bons magistrats, des bons administrateurs, des bons chefs de famille, des bons gouvernements et des bons législateurs.

Les conférenciers feront connaître aussi les faits historiques les plus intéressants et les hommes qui ont été le plus utiles à leur pays et à l'humanité.

Ces conférences publiques seront entendues avec intérêt et plaisir, et elles porteront des fruits pour toutes les classes de la société.

Mais c'est à la condition qu'elles seront faites avec éloquence, avec esprit, avec facilité, et qu'elles seront toujours très-courtes.

Il faut que l'auditoire regrette de n'en avoir pas entendu davantage.

C'est là la condition essentielle de succès.

Il en serait de même pour les conférences religieuses. Il est désirable qu'elles soient toujours sensibles et touchantes, et extrêmement courtes, afin que l'auditoire ne se livre pas au sommeil et à l'ennui, c'est une condition de succès.

La question des conférences publiques bien faites est profondément grave; elle est appelée à exercer une grande et heureuse régénération sur l'esprit, sur les mœurs, sur le caractère, sur le bien-être du peuple français.

Je conseille donc d'organiser, de multiplier les chaires d'éloquence dans toutes les maisons d'éducation, petites et grandes, pauvres et riches.

Je conseille d'habituer de bonne heure les enfants à faire des conférences à leurs camarades, pendant l'heure du repas, chacun aura son tour. C'est ainsi qu'il se formera de bons conférenciers dans toutes les classes de la société française.

Les conférences agricoles communales du dimanche ont aussi une grande et sérieuse importance.

Pendant plusieurs années, j'ai fait des conférences publiques et gratuites dans plus de cent communes des départements de l'Ouest.

C'était toujours le dimanche, à la sortie de la grand'messe que je faisais mes conférences.

Partout et toujours j'ai réuni des centaines de cultivateurs qui m'écoutaient avec grande attention ; les nombreux certificats de MM. les maires le constatent.

Toujours après mes conférences les cultivateurs se procuraient mon *Livre aux 100 louis d'or*, reproduisant mes conférences. C'est ainsi qu'il m'a été donné de répandre la lumière, le savoir et le bien-être au milieu des campagnes.

Des centaines de milliers de cultivateurs m'ont entendu, plus de quinze mille familles possèdent mon livre. Les campagnes se sont enrichies rapidement et les villes s'enrichiront de même.

Je conseille donc au gouvernement de donner de l'impulsion à ces idées dans toutes les communes de la France.

Le conférencier de l'agriculture,

PICHERIE-DUNAN.

RÉGÉNÉRATION

DU PEUPLE FRANÇAIS

PAR LES CHANTS.

Les chants ne manquent jamais d'exercer de grandes influences, à tous les âges de la vie, sur l'esprit, sur les mœurs et sur les caractères.

Que les chants soient patriotiques, tendres, populaires ou religieux, toujours ils sont et seront absolument nécessaires à la morale, à la vertu, au dévouement, à la bravoure, à la paix et au bonheur des familles et des peuples.

Il est bon, il est utile, il est désirable, et je conseille fortement de provoquer, de favoriser la formation des cours de chanteurs et de chanteuses dans toutes les communes, dans toutes les paroisses et dans toutes les villes.

Déjà des orphéons sont établis dans certaines villes, ils procurent un passe-temps agréable à une foule de jeunes gens qui s'y adonnent avec un empressement exemplaire,

Le plaisir qu'ils ressentent à se faire entendre en public excite une salutaire émulation pour le beau et le bien.

Parmi ces jeunes gens, on en a vu des plus immoraux, intempérents, irréligieux, s'étonner eux-mêmes de leur changement, et donner des preuves nombreuses d'un changement complet.

Le chant des hymnes à la gloire de Dieu et à la reine des Anges, ces répétitions faites en leur demeure, devant leurs familles, font un bien incroyable.

Les beaux chants reposent l'esprit, élèvent l'âme et portent au bien.

Je conseille de faire un choix des plus beaux passages des chants religieux et d'en faire chanter un ou deux couplets, avant et après tous les offices du dimanche, avant et après les conférences religieuses, avant et après les prières du soir en famille.

Les prières chantées font toujours un bien incontestable, même sur les plus mauvais esprits.

Je conseille donc que les prières soient chantées, mais très-lentement, qu'elles soient bien accentuées et surtout toujours excessivement courtes.

Si l'on veut bien résolument suivre mes conseils en formant des cours de chants dans toutes les maisons d'éducation et dans toutes les communes, il va en résulter assurément une très-heureuse régénération dans les familles, dans les sentiments, dans les mœurs et dans le bien-être du peuple français.

PICHERIE-DUNAN.

RÉGÉNÉRATION

DU PEUPLE FRANÇAIS

PAR LA MUSIQUE.

En tous temps, en tous lieux, tous les peuples de la terre ont toujours aimé et aimeront toujours la musique.

Que ce soit musique militaire, musique de salon, musique de théâtre, musique religieuse, musique funèbre ou autre.

Toujours et partout la bonne musique charme l'esprit et fait plaisir à tous les âges et à toutes les classes de la société.

La musique harmonieuse élève l'âme, repose agréablement l'esprit, adoucit le caractère, porte aux bons sentiments, fait naître des sensations douces, charmantes et salutaires.

On a souvent observé que la jeunesse qui s'adonne à la musique est plus calme, plus sérieuse, plus réfléchie, plus studieuse, plus agréable, plus aimante, plus patiente, plus morale, plus persévérante et plus raisonnable que celle qui lui reste étrangère.

Il est donc bon, et je conseille et recommande de provoquer, de multiplier les concerts, les soirées musicales, et de former des corps de musique dans toutes les maisons d'éducation, dans toutes les pensions, colléges, lycées, séminaires, dans tous les régiments, dans tous les corps d'armées, dans les compagnies de pompiers; il en résulterait bien certainement une heureuse régénération dans les habitudes, dans les mœurs, dans le caractère, dans la pensée et dans le bien-être du peuple français.

PICHERIE-DUNAN.

RÉGÉNÉRATION

DU PEUPLE FRANÇAIS

PAR LA CROYANCE MYSTÉRIEUSE.

Tout le monde sérieux et raisonnable comprend aujourd'hui que la foi en l'existence de Dieu et en l'immortalité de l'âme, est une croyance absolument nécessaire.

La raison, le bon sens, la sécurité intérieure exigent donc cette croyance mystérieuse que Dieu aime sa créature, qu'il lui veut beaucoup de bien, et que dans ce but il lui a fait connaître ses préceptes et lui a laissé le libre arbitre, la liberté de l'aimer, de l'adorer, de le prier, de faire le bien ou le mal.

La croyance mystérieuse nous assure que Dieu sera juste, que les bons seront récompensés et les mauvais punis après leur mort (c'est justice).

Ayons la croyance mystérieuse que nos prières

et nos bonnes œuvres hâtent la délivrance des âmes en peine et malheureuses, conservons cette douce et consolante croyance mystérieuse d'une correspondance intérieure entre la vie et la mort.

Aimons la croyance mystérieuse en la puissance de la vierge Marie, c'est la gardienne de l'innocence, le soutien de la faiblesse, de la souffrance et du malheur, c'est la consolatrice des affligés.

La dévotion envers Marie donne chaque jour des légions d'âmes au ciel.

Les pauvres matelots, irréligieux et blasphémateurs, se prosternent; ils invoquent la puissance de la vierge Marie en face de la tempête; cette croyance mystérieuse redouble leur courage, la tempête est apaisée, ils sont sauvés; mais ils ont fait un vœu qu'ils accompliront religieusement. Malheur à l'homme incrédule qui se moquerait de cette croyance mystérieuse en la puissance de la vierge Marie.

Aimons la croyance mystérieuse de la nécessité d'aller à la messe le dimanche.

Le dimanche, c'est le jour du Seigneur, c'est le jour du repos après les six jours de travail.

L'homme raisonnable, le bon travailleur, l'honnête ouvrier, le bon patron, changent de vêtement le dimanche ; il donne le bon exemple à ses ouvriers, à sa femme, à ses enfants, à ses voisins.

Le dimanche, c'est le jour du bonheur où l'on va en famille respirer l'air de la campagne.

Ayons donc la croyance mystérieuse ; assistons à la messe le dimanche, ce n'est ni long ni pénible, et cet usage porte toujours bonheur.

Attention, faisons silence, et vous, soldats, garde à vous, genou terre, car voici le moment de l'élévation : la musique se fait entendre, l'encens monte vers l'autel, et Dieu descend du ciel sur la terre.

Douce et consolante croyance mystérieuse qu'il faut toujours aimer, cela fait tant de bien.

Aimons aussi la croyance mystérieuse de la mort : c'est un chrétien qui va mourir, mais avant, il faut pardonner même à ses plus cruels ennemis, c'est Dieu qui l'ordonne, c'est Dieu qui le demande.

Cet homme qui va mourir, le baptême l'a fait chrétien, l'extrême-onction lui rend moins pénible le terrible passage de la vie à la mort.

Aimons la croyance mystérieuse d'une bonne mort, c'est consolant pour celui qui meurt, c'est d'un bon exemple pour ceux qui restent après lui.

Jeunes filles, croyez que vous serez aimées et respectées de votre époux et de vos enfants, si vous avez la foi chrétienne.

Quel homme sérieux et raisonnable voudrait se marier à une jeune fille qui se moquerait de la religion et de ses ministres ?

L'épouse irreligieuse et incrédule est rarement fidèle : si elle ne craint pas la justice divine, elle ne craindra pas plus la justice humaine.

Alors c'est une famille malheureuse, quelle que soit la position sociale et la fortune.

Il est très-vrai que l'influence maternelle a toujours décidé du bonheur ou du malheur des enfants et de la famille.

Aimons, aimons toujours la croyance mystérieuse de la religion chrétienne, et la régénération du peuple français est assurée.

PICHERIE-DUNAN.

RÉGÉNÉRATION

DU PEUPLE FRANÇAIS

PAR LA MULTIPLICATION DES MAISONS DE BANQUE.

Je conseille au gouvernement et aux autorités de la France de diriger les intelligences et les capitaux vers le crédit agricole, c'est essentiel.

Les hommes sont nombreux en France qui veulent la paix pour faire prospérer le crédit, le travail, le commerce, l'industrie, et amener la stabilité d'un bon gouvernement paternel et libéral.

Il y a longtemps que je désirais parler en faveur des succursales de la Banque de France et en démontrer l'insuffisance; il en faudrait établir dans tous les arrondissements ou chefs-lieux de canton, alors on verrait bientôt toutes ces maisons de banque, alimentées en partie en comptes-courants avec intérêts, par les épargnes de ceux qui thésaurisent et qui ont des écus ombrageux qui ne voient pas la lumière et ne profitent à personne.

Le dévouement de la nation française peut considérablement favoriser le dèveloppement du crédit, par le moyen de la grande multiplication des maisons de banque dans toutes les contrées de la France.

Aidons-nous, et sûrement les bons citoyens vertueux viendront au secours de la patrie, c'est le début le plus difficile.

L'Ecosse était jadis le plus pauvre pays du monde ; mais depuis l'organisation de ses maisons de banque, elle a acquis une richesse incroyable.

En peu de temps, quatre milliards sont venus soutenir ses maisons de banque.

Mais qui donc empêcherait la France d'en faire autant ?

J'affirme donc, je déclare et certifie que la multiplication des maisons de banque en France est appelée à exercer une grande et heureuse influence en faveur de la régénération du peuple français dans sa richesse et dans son bien-être.

PICHERIE-DUNAN.

RÉGÉNÉRATION

DU PEUPLE FRANÇAIS

PAR LES JEUNES MARIAGES.

Nous, peuple français, nous n'aimons pas assez les enfants, la vie de famille intérieure.

Nous nous marions trop vieux; il est vrai que passé 25 ans on devient vieux célibataire, c'est l'âge critique où trop souvent l'homme devient immoral, irreligieux, mauvais citoyen, dangereux pour le gouvernement, dangereux pour la famille et pour la société.

Généralement, on devient bon citoyen aussitôt qu'on a une femme légitime à aimer et des enfants à élever.

Alors l'homme est en quelque sorte transformé, ses pensées, son esprit se porte vers l'amélioration de son patrimoine ou de son commerce et de sa position sociale.

Mais depuis 25 à 30 ans, il y a là 5 années

très-difficiles, très-dangereuses et souvent très-désastreuses pour le jeune homme, pour son avenir.

Voilà pourquoi j'engage fortement les jeunes gens de toutes les classes de la société à contracter mariage avant 25 ans.

Je conseille fortement d'aider, de favoriser les mariages jeunes mais vertueux ; c'est un bon moyen de régénérer le peuple français en lui faisant éprouver les douces joies de la famille, le goût du chez-soi, le bonheur, la dignité qu'on trouve toujours dans la morale et les actions vertueuses.

Afin d'atteindre un but si désirable je conseille de fonder une association entre les bons citoyens aisés, dans toutes les contrées de la France.

Le but de cette association nouvelle est de favoriser, d'aider, de multiplier les bons mariages parmi les jeunes gens de la classe pauvre.

Les dots s'élèveront depuis 200 jusqu'à 500 francs ; ces dots seraient données aux pauvres jeunes ouvriers et ouvrières vertueux, qui désireraient contracter mariage.

Les preuves de leur bonne conduite leur assureraient une dot suffisante pour pouvoir entrer en ménage et élever leurs enfants.

Les membres honoraires de cette utile association ne manqueraient pas de surveiller la bonne conduite des jeunes époux et la bonne éducation de leur jeune famille.

Par ce moyen, on parviendrait sûrement et rapidement à diminuer de beaucoup le nombre des célibataires parmi le peuple français.

Les célibataires, je le répète, passé 25 ans, sont presque tous des hommes de désordre, irréligieux, immoraux, sans croyance, sans espérance, sans foi ni loi, des révolutionnaires enfin, des citoyens pervers et dangereux pour la société.

La question de multiplier les jeunes mariages vertueux en France, est une question profondément grave, et qui doit amener une heureuse régénération dans le caractère, les mœurs et le bien-être du peuple français.

PICHERIE-DUNAN.

RÉGÉNÉRATION

DU PEUPLE FRANÇAIS

PAR LES BONS EXEMPLES.

Toutes les personnes sérieuses et raisonnables savent bien que le meilleur des enseignements c'est le bon exemple.

Ordinairement et naturellement les enfants suivent les bons exemples du père, de la mère et de leurs parents.

Les ouvriers suivent volontiers les bons exemples de leur patron.

Les serviteurs s'habituent bien vite aux bons exemples donnés par leurs maîtres.

C'est ainsi que, depuis le plus puissant, le plus riche citoyen, jusqu'au plus petit et au plus pauvre, partout les bons exemples propagent les bonnes actions, les bons principes, les vertus civiques, les vertus chrétiennes, la discipline, l'obéissance, la fidélité et le respect aux supérieurs et aux lois du pays.

Il est bon, il est très-désirable et j'engage fortement la haute classe de la société, la classe bourgeoise, la classe riche, aisée, et la classe des fonctionnaires, de donner le bon exemple d'un prompt payement, d'un prompt règlement de leurs dettes, de leurs factures, et chez les ouvriers qu'ils font travailler, et chez tous leurs fournisseurs commerçants.

Ce bon exemple est de la plus haute nécessité afin d'apaiser et de détruire cette haine sourde de l'ouvrier et du petit commerçant contre le riche qui généralement paye si mal.

Il faut enfin mettre un terme à ce mauvais exemple de ne payer ses dettes, ses factures que tous les ans trop souvent, 18 mois et même 2 années et cela par un détestable calcul d'intérêt, afin de faire perdre l'intérêt de l'argent à l'ouvrier, au commerçant, argent dont souvent il fait les avances aux riches, argent qu'il renouvellerait et dont il a si grand besoin dans son commerce ou son industrie.

Ne régler ses comptes que tous les ans, c'est là un très-mauvais exemple qu'il est bon, qu'il est utile et nécessaire de corriger si l'on veut se faire aimer et considérer par la classe commerçante et ouvrière, et éviter des révolutions et d'effroyables malheurs.

Je conseille et recommande de donner le bon exemple, de payer comptant ou du moins de regler ses factures tous les 6 mois.

Je conseille de donner le bon exemple, de faire valoir sa commune ou sa ville et qu'on n'aille pas faire ses plus beaux, ses plus riches achats ailleurs, c'est là un très-mauvais exemple.

Il est donc bon, utile et nécessaire à la paix, au bonheur des familles et du peuple français, que les bons citoyens prennent la ferme résolution de donner le bon exemple : assurément ce serait le vrai moyen d'obtenir la régénération du peuple français, dans son caractère, dans ses mœurs et dans son bien-être.

Le conférencier de l'agriculture améliorée,

PICHERIE-DUNAN.

Pour tous les renseignements, s'adresser à la petite école d'agriculture très-riche.

Une seule leçon suffit pour savoir doubler sa fortune.

(Les preuves sont nombreuses).

Le directeur,

PICHERIE-DUNAN,

Rue

RÉGÉNÉRATION

DU PEUPLE FRANÇAIS

PAR L'APPLICATION DES PRINCIPES GÉNÉRAUX DU LIVRE AUX 100 LOUIS D'OR.

Je crois avoir indiqué les moyens pratiques, immédiatement réalisables, d'améliorer le caractère, la pensée, les mœurs du peuple français, et d'accroître ses vertus, ses satisfactions et son bien-être, tout en assurant la stabilité d'un bon gouvernement, fort, paternel et libéral.

Je vais indiquer maintenant les meilleurs moyens pratiques, immédiatement réalisables, d'enrichir la France de plusieurs centaines de millions chaque année.

Le premier et le meilleur moyen d'accroître rapidement les richesses de la France, c'est d'accroître rapidement les richesses de son sol, de ses terres, de ses champs, de ses prairies et de ses vignobles.

Il est évident que l'accroissement de la richessse du sol va entraîner forcément l'accroissement du bétail, des grains, des fruits, des bois, des cuirs, des laines, des suifs, des huiles et de toutes les productions agricoles.

Tous les bons esprits savent bien que le climat, le sol, l'agriculture en France, offrent au peuple français des moyens de bien-être et de richesse énormes, que nos gouvernants n'ont pas encore bien exploités.

Ces moyens, ces principes précieux dont l'application va enrichir sûrement et rapidement la terre, le bétail, les campagnes, les villes, l'industrie, le commerce, la marine et la France, je les indique, je les résume ici par quelques conseils et recommandations.

Les voici :

UN CONSEIL
SUR LES RICHES FUMIERS-ENGRAIS.

Je conseille et recommande de ne pas négliger dans toutes les fermes et dans toutes les contrées de la France, les fumiers. Il faut qu'ils soient bien arrangés et toujours recouverts d'un forte couche de terre finement écrasée, mêlée de chaux, de plâtre, et beaucoup de gros sel dénaturé. Le sel ne coûte presque rien; le gouvernement le fournira à l'agriculture dans l'intérêt de la richesse publique.

Je conseille et recommande d'entourer les fumiers d'une rigole et de les arroser deux fois la semaine avec leur jus, c'est-à-dire avec le purin, réservé dans une grande fosse retenant bien l'eau.

Je conseille et recommande de construire des latrines dans toutes les fermes, près du tas de fumier, de manière que les urines, les matières, l'engrais humain, tombent dans la fosse à purin. (*Visiter la petite école d'agriculture très riche*), rue

Je conseille et recommande de préserver les

fumiers, la fosse et les latrines, afin d'empêcher l'eau des pluies de venir se mêler au riche purin. (*Voir le Petit Livre aux cent louis d'or*; il donne toutes les explications désirables à ce sujet; il démontre clairement que par ce moyen simple et facile on va pouvoir enrichir énormément les terres et tous les produits de l'agriculture).

Je conseille et recommande de construire des hangars économiques dans toutes les fermes pour y mettre à l'abri des quantités de pelées de gazon, des terreaux, des curures de fossés, des grattures de routes et des terres de toute espèce de couleurs; toutes ces terres mélangées, chaulées et salées, serviront à garnir les fonds des étables, des bergeries, des porcheries, des poulaillers, afin d'absorber les urines et les vapeurs, assainir les étables, économiser la litière et augmenter les tas des fumiers. (*Voir le Petit Livre aux cent louis d'or*).

Je conseille et recommande aux autorités de toutes les villes, bourgs et villages, d'exiger que l'engrais humain soit recueilli dans des latrines, dans des tinettes et employé à enrichir les fumiers des fermes. (Voir, pour cette grave question de richesse publique, *le Petit Livre aux cent louis d'or*).

UN CONSEIL SUR LA SALUBRITÉ.

Je conseille et recommande de dresser, de bomber, assainir toutes les cours des fermes. Plus de litières, plus de fumiers à traîner, à se laver, à dessécher, à se gâter dans les cours et près des demeures; c'est dégoûtant, c'est pitoyable.

Il faut enfin faire cesser cette mauvaise routine qui entretient l'insalubrité, la malpropreté, le désordre, provoque les épidémies, les maladies, dilapide la fortune publique, éloigne les propriétaires et la jeunesse des campagnes, dégoûte de l'agriculture, et prive la France de plusieurs centaines de millions chaque année.

Avis aux autorités de la France.

(*Voir le Petit Livre aux cent louis d'or*).

UN CONSEIL SUR LA RICHESSE DES CHAMPS.

Je conseille et recommande les terrages dans tous les champs. On enlèvera une forte couche de terre tout alentour du champ, et cela par un temps sec; on conduira ces terres sur le milieu; c'est le meilleur moyen d'assainir, d'exhausser la couche végétale et d'accroître la richesse des champs et des récoltes pendant dix années de suite. (*Voir le Petit Livre aux 100 louis d'or :* il ne laisse rien à désirer au sujet de cette riche opération agricole, encore si méconnue et négligée en France).

UN CONSEIL SUR LES PRÉS ET LE FOIN.

Je conseille et recommande d'abaisser les bords des prairies, que toutes ces terres soient mises en tas allongés, finement écrasées, épierrées, chaulées, arrosées avec du purin, et étendues sur les prairies après l'enlèvement des foins ou pendant l'hiver.

Grande augmentation de richesses pour la France.

(*Voir le Petit Livre aux cent louis d'or*).

Je conseille et recommande de faucher les foins plus hâtivement; c'est une habitude désastreuse pour la France d'attendre que les foins sèchent sur pied pour les couper; en fauchant trop tard, on perd beaucoup sur la qualité du foin, sur le regain, sur le pâturage, et on ruine les prairies (expérience conforme).

Je recommande donc de commencer la fauche des foins aussitôt après la fleur.

UN CONSEIL SUR LA VIGNE ET LES VINS.

Je conseille et recommande d'abaisser fortement les terres tout alentour des pièces de vignes, afin de les assainir. On formera des tombes avec toutes ces terres, on y mêlera un peu de chaux et beaucoup de gros sel avarié, dénaturé, qui ne coûte presque rien.

Ce riche terreau salé sera mis aux pieds des vignes, des jeunes surtout, mais seulement lorsque la terre sera bien sèche.

Par ce moyen, on pourra en toute sûreté tailler les vignes hâtivement et à long bois; on laissera bien mûrir les raisins, et le plus souvent on doublera sa récolte de bon vin (expérience conforme).

Je recommande d'enlever toute la mousse des

pieds de vigne, c'est une plante parasite qui prive la France de grandes richesses.

Je conseille la fermentation concentrée, afin d'accroître la bonté et la valeur du vin. (*Voir le Petit Livre aux cent louis d'or*).

UN CONSEIL SUR L'ASSOLEMENT ET LES INSTRUMENTS DE CULTURE.

Je conseille et recommande de faire reposer les terres et de les maintenir en état de richesse par l'assolement alterne, par des cultures fourragères, des racines, des prairies artificielles, toujours abondamment fumées.

Je recommande surtout les grandes prairies, de belles luzernes bien serrées qui enrichissent si rapidement les terres, le bétail et les agriculteurs.

Je conseille et recommande les bonnes charrues en fer, avec roues en fer, qui remuent la terre comme les pelles des jardiniers, et la houe à cheval, le rouleau, la herse, le sémoir et tous les bons instruments de culture qui aident énormément à la richesse de l'agriculture française.

UN CONSEIL SUR LE BÉTAIL.

Je conseille et recommande de toutes mes forces, partout et sans cesse, le choix des bonnes races d'animaux, bœufs, vaches, moutons, cochons, qui s'élèvent, grandissent, engraissent avec une rapidité merveilleuse.

C'est là une immense et inappréciable source de richesse et de prospérité pour la France, dont le sol et le climat sont si convenables, mais pas assez appréciés.

Je conseille et recommande de choisir le bétail d'après les principes, c'est-à-dire, on choisira ceux qui ont la tête petite, les jambes courtes et fines, les reins droits, larges et le corps allongé; ce signalement du bon bétail doit s'observer pour tous les animaux, c'est une condition de grande richesse pour la France.

Je conseille et recommande de nettoyer le bétail et de le brosser avec une brosse de chiendent; on fera cet ouvrage tous les matins régulièrement. Désormais, plus d'ordures sur les cuisses, sur le ventre, plus de poussière qui engendrent la vermine sur la peau et amènent de graves maladies sur les bestiaux et sur les porcs. (*Voir le Petit Livre aux 100 louis d'or*).

Je conseille et recommande de mélanger la nourriture du bétail de vert et de sec, ce mélange sera légèrement humecté avec de l'eau salée et saupoudré avec un peu de son.

On peut encore augmenter de beaucoup l'élevage, l'engraissement, la vigueur et la santé du bétail, en hachant menus la paille, le foin et les racines, le tout mélangé, salé et saupoudré de son : grande richesse pour la France. (*Voir le Petit Livre aux 100 louis d'or.*)

Je conseille et recommande les étables, écuries, bergeries, porcheries, poulaillers ; il faut les nettoyer, arraigner, aérer, crépir, blanchir avec un lait de chaux, pour la santé, la richesse du bétail, et pour éviter de graves maladies et de grands malheurs. (*Voir le Petit Livre aux 100 louis d'or.*)

Le moment est arrivé d'obliger les cultivateurs à connaître et à appliquer les principes de leur profession ; la gendarmerie et les gardes-champêtres y veilleront sévèrement; plus tard les cultivateurs remercieront les autorités de les avoir obligés à bien faire.

Grande liberté pour faire le bien, mais pas de liberté pour laisser perdre les plus riches engrais dans les campagnes, principale source des richesses de la France.

Non, pas de liberté pour laisser régner l'insalubrité dans les étables, dans les cours des fermes et près des demeures ; la fortune, la santé publiques exigent que les autorités fassent cesser cette habitude, cette routine désastreuse.

MES DERNIERS CONSEILS.

Je conseille à MM. les agriculteurs et propriétaires de consulter très-sérieusement les principes du *Petit Livre aux cent louis d'or;* tout aussitôt ils reconnaîtront que l'art de l'agriculture riche est beaucoup plus simple qu'ils ne se l'étaient imaginé.

Ils reconnaîtront cette vérité, que la France peut élever, nourrir et engraisser annuellement quatre fois plus de bestiaux et produire quatre fois plus de blé, grâce aux ressources de son sol.

MM. les propriétaires vont voir et comprendre qu'ils peuvent hardiment avancer des capitaux à leurs fermiers, mais en leur faisant connaître et appliquer les principes afin de les mettre tous dans la nécessité de devenir rapidement de riches agriculteurs en quadruplant les revenus de eurs terres.

MM. les propriétaires vont comprendre sans doute que l'initiative de cette régénération agricole doit venir d'eux-mêmes, étant les plus directement intéressés aux progrès de l'agriculure.

Désormais, il ne faut plus laisser les agriculeurs mal faire ; mais il faut les obliger bon gré malgré à bien faire, cela dans l'intérêt de la anté et de la richesse publiques.

Il est tout probable que le gouvernement franais étant régénéré, c'est-à-dire fort, paternel et ibéral, va asseoir sa puissance et sa solidité sur es bases inébranlables de l'opinion publique.

Il ne faut pas en douter, le gouvernement va allier autour de sa bannière les plus hautes influences, les plus fortes intelligences, la science les savants, le génie des inventeurs, le bon sens es hommes pratiques, l'attention et l'intérêt des nasses, l'admiration et l'estime de tous.

Mais, pour obtenir de grands et rapides résultats, il faut de toute nécessité que la masse de la population française puisse consommer, sans la moindre entrave, les denrées alimentaires que l'agriculture a produites ; il faut résolument faciliter l'échange des produits agricoles en dégrévant le sol, en remplaçant les impôts qui pèsent sur la consommation du peuple et sur la subsistance du pauvre.

Il faut absolument remplacer ces impôts impopulaires par des impositions sur les loyers, sur les fortunes boursières, financières, hypothécaires, industrielles, placements sur les fonds publics, etc., etc.

Il faut nécessairement enlever, écarter toutes les entraves qui énervent, éteignent, découragent et empêchent l'initiative du progrès.

Désormais, plus de ces institutions routinières, plus de ces impôts vexatoires et onéreux qui accumulent les obstacles contre l'échange de la propriété foncière.

Tels sont les vrais moyens d'attirer les capitaux vers l'agriculture qui est et sera éternellement la mère nourricière du commerce, de l'industrie et de la marine.

J'espère, et ce n'est pas en vain, que bientôt un rayon du soleil de la vraie liberté va faire germer et porter des fruits salutaires à ces précieux éléments de régénération, de progrès et de prospérité.

Le maître agriculteur-praticien, conférencier de l'agriculture,

Jules-Philippe PICHERIE-DUNAN.

4 premiers prix, 3 médailles d'honneur, 2 prix secondaires, 8 mentions honorables.

Actuellement directeur de la petite école d'agriculture très-riche, où une seule leçon suffit pour savoir doubler sa fortune.

Les preuves sont nombreuses.
Rue

Je vends ce petit livre 1 franc ; mais, sur l'honnenr,
Dans un jour on peut gagner 10 fois la valeur.
Il offre au peuple savoir, vertu, richesse, bien-être et sécurité ;
Il offre aux agriculteurs un bénéfice net de 100 louis d'or chaque année,

SAVOIR :

100 louis d'or de 5 francs aux petites fermes.
100 louis d'or de 10 francs aux moyennes fermes.
100 louis d'or de 20 francs aux grandes fermes.
100 louis d'or de 50 francs aux très-grandes fermes.
(Expérience conforme de l'auteur.)

PICHERIE-DUNAN.

www.ingramcontent.com/pod-product-compliance
Lightning Source LLC
LaVergne TN
LVHW010046230826
846091LV00005B/1888